Limoges
1895

Grimm, Jacob & Wilhelm

Les heureuses chances de Jeannot

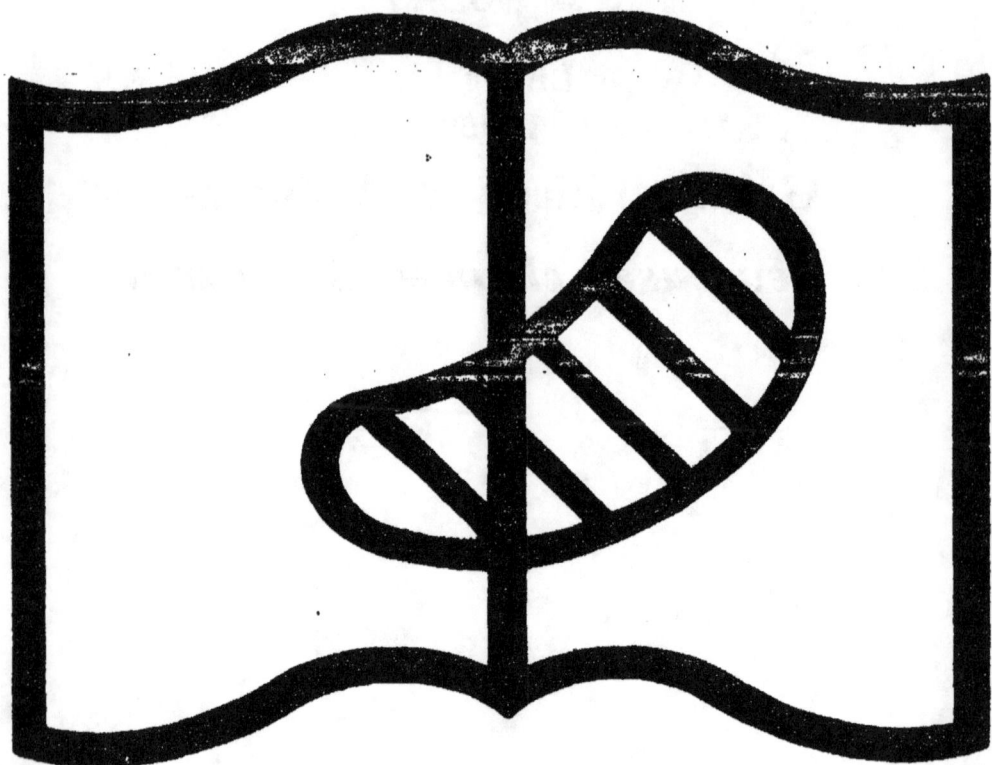

**Symbole applicable
pour tout, ou partie
des documents microfilmés**

Original illisible

NF Z 43-120-10

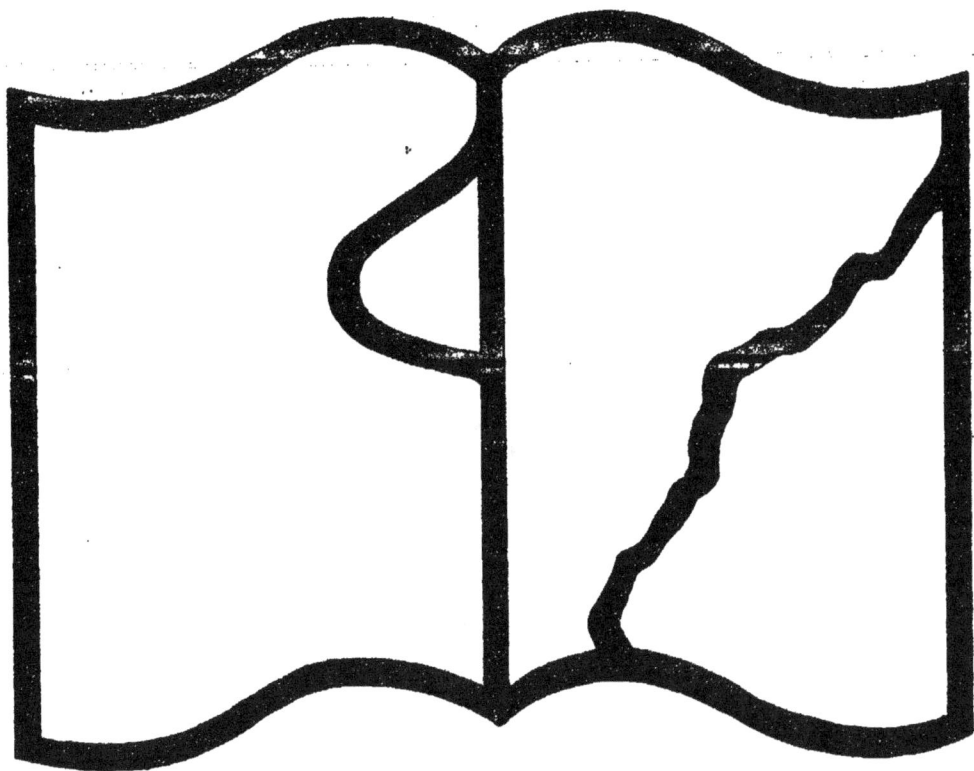

**Symbole applicable
pour tout, ou partie
des documents microfilmés**

Texte détérioré — reliure défectueuse

NF Z 43-120-11

HEUREUSES CHANCES

Y^2

LES
HEUREUSES CHANCES
DE JEANNOT.

5e SÉRIE IN-18.

Il le posa ensuite sur ses épaules, et se mit en route pour retourner chez lui. (P. 10.)

LES
HEUREUSES CHANCES
DE JEANNOT

TRADUIT DE L'ALLEMAND

DES FRÈRES GRIMM.

LIMOGES
EUGÈNE ARDANT ET Cᵢₑ, ÉDITEURS.

LES

HEUREUSES CHANCES

DE JEANNOT.

Jeannot, après avoir servi son maître pendant sept ans, lui dit un jour :

— Maître, le temps de mon engagement est expiré, et je désire retourner dans mon village, auprès de ma mère ; veuillez bien me payer le montant de mes gages.

Le maître lui répondit :

— Tu as été pour moi un bon et loyal serviteur, et je veux t'en récompenser.

Et il lui donna un lingot d'argent qui était fort gros ; ce lingot pesait quinze livres, et valait par conséquent quinze cents francs.

Jeannot tira un mouchoir de sa poche et en enveloppa le lingot ; il le posa ensuite sur ses épaules, et se mit en route pour retourner chez lui.

Qu'il est lourd! je ne puis plus relever la tête,
tant il m'a pesé sur les épaules. (P. 14.)

Comme il marchait péniblement, chargé de son lourd fardeau, il aperçut un cavalier, qui trottait sur un cheval agile.

— Ah ! s'écria Jeannot à haute voix, comme c'est une belle chose que d'aller à cheval ! On est assis comme dans une chaise, on ne se heurte point aux pierres, on épargne ses souliers, et l'en avance sans effort.

Le cavalier, qui l'avait entendu, lui dit :

— Alors, Jeannot, pourquoi vas-tu à pied ?

— Je ne puis pas faire autre-
ment, répondit-il ; il faut que je
porte ce lingot jusque chez moi.
Qu'il est lourd ! qu'il est lourd ! je
ne puis plus relever la tête, tant il
m'a pesé sur les épaules.

— Écoute, dit le cavalier, nous
pouvons faire un échange : je te
donnerai mon cheval, et tu me don
neras ton lingot.

— Très volontiers, répondit
Jeannot, ce sera une bien heureuse
chance pour moi que de faire cet
échange. Mais, en conscience, je

Le cavalier prit l'argent aida Jeannot à monter
sur la bête. (P. 17.)

dois vous avertir que le poids de ce lingot vous accablera.

Le cavalier, sans lui répondre, descendit de cheval, prit l'argent, aida Jeannot à monter sur la bête, lui plaça soigneusement la bride dans la main, et lui dit :

— Quand tu auras envie d'aller très vite, tu n'auras qu'à faire claquer ta langue et à répéter : *Hop! hop!*

Jeannot fut émerveillé lorsqu'il se vit à cheval, et qu'il put trotter en toute liberté. Au bout de quelque temps, il fit réflexion qu'il devrait encore aller plus vite; il commença donc à faire claquer sa langue et à crier : *Hop! hop!* Le cheval prit immédiatement une allure rapide, et en un instant Jeannot fut désarçonné et jeté à terre. Il se trouva étendu dans un fossé qui séparait la grande route des champs voisins.

Débarrassé de son cavalier, le cheval aurait bien vite disparu, s'il n'avait été arrêté par un paysan qui traversait la route en menant

En un instant Jeannot fut désarçonné et jeté à terre.
(P. 18.)

— Je veux bien échanger ma vache contre
votre cheval. (P. 22.)

une vache à l'aide d'une corde.

Jeannot parvint à se remettre sur ses jambes; mais il était fort mécontent, et il exhala sa mauvaise humeur en disant au paysan :

— C'est une chose détestable que de voyager à cheval, surtout quand on a le malheur d'avoir entre les jambes une rosse qui vous secoue et qui vous jette par terre de manière à vous briser tous les membres. Je ne remonterai jamais sur cette maudite bête ! Ah ! que j'aimerais bien mieux votre vache ! On

peut la mener sans le moindre danger ; on a en outre, chaque jour,
grâce à elle, une provision assurée
de lait, de beurre et de fromage.
Que ne donnerais-je pas pour avoir
en ma possession un si précieux
animal! Quelle heureuse chance ce
serait pour moi!

— Soyez content, dit le paysan.
Puisque vous avez fait une si terri-
ble chute, je veux bien, pour vous
en épargner une nouvelle, échanger ma vache contre votre cheval.

Jeannot fit marcher sa vache paisiblement à l'aide
de sa corde. (P. 25.)

Cette proposition fut acceptée avec la plus vive joie ; le paysan monta sur le cheval et s'éloigna au plus vite.

Jeannot fit marcher sa vache paisiblement à l'aide de sa corde, tout en pensant à l'excellent marché qu'il venait de conclure.

— Que je parvienne seulement à me procurer un morceau de pain, se dit-il, ce qui me sera bien facile ; et, pour me régaler, j'aurai en abondance du beurre et du fromage, comme je l'ai si souvent désiré. Me voilà donc à l'abri de la faim! Quant à la soif, je ne la crains pas davantage : je n'aurai qu'à traire ma vache, et son lait sera plus que suffisant pour me désaltérer.

Vers midi, la chaleur devint excessive, et Jeannot en souffrait d'autant plus qu'il marchait depuis une heure dans une vaste plaine sans abri. Il était dévoré par une soif si ardente que sa langue lui semblait sur le point de se coller à son palais.

La vache lui donna sur la tête un coup de pied. (P. 29.)

— Le mal n'est pas sans remède,
se dit-il; je puis traire ma vache et
boire de son lait.

Il l'attacha donc à un tronc d'ar-
bre desséché, et comme il n'avait
aucun ustensile pour mettre le lait,
il songea que sa casquette de cuir
pourrait lui en tenir lieu. Mais, hé-
las! quelques efforts qu'il fît, il ne
put obtenir une seule goutte de
lait! Il persista.... puis, comme il
s'y prenait gauchement, la vache
furieuse lui donna sur la tête un
coup de pied si violent qu'il resta

quelque temps étendu sur le sol
sans connaissance.

Heureusement pour lui, un boucher, qui portait dans une brouette
un petit pourceau, vint à passer
sur la route et s'empressa de le
secourir.

— Qui vous a joué ce mauvais
tour? s'écria-t-il en aidant le
pauvre patient à se relever. Jeannot lui raconta ce qui lui était ar-
rivé. Après l'avoir attentivement
écouté, le boucher lui présenta une
bouteille pleine de vin et lui dit :

Le boucher retirait le bourceau de la brouette
et le remettait à Jeannot. (P. 34.)

—· Buvez un peu et remettez-vous.
Cette vache-là ne pouvait vous donner du lait; elle est vieille et n'est
plus bonne qu'à être abattue pour
la boucherie.

— Ah! dit Jeannot, qui aurait
cru cela? Il est assurément très bon
d'avoir en sa possession un animal
propre à être tué et pouvant four-
nir une si grande quantité de
viande; mais par malheur je
n'aime pas beaucoup la chair de la
vache : elle n'est pas assez succu-
lente pour moi. J'aimerais bien

3

mieux celle d'un jeune porc ; on peut l'apprêter de diverses maniè-res, et surtout en faire de si bon-nes saucisses !

— Eh bien ! Jeannot, dit le bou-cher, par affection pour vous je consens à faire un échange et à vous donner le porc pour la va-che.

— O l'heureuse chance pour moi ! En vérité, vous êtes bie bon, dit Jeannot en détachant la vache, tandis que le boucher reti-rait le pourceau de la brouette et

...er de sa nouvelle acquisition, Jeannot reprit
sa marche. (P. 37.)

le remettait à Jeannot, qui l'attacha
avec sa corde.

Fier de sa nouvelle acquisition,
Jeannot reprit sa marche en s'é-
merveillant d'une suite de chances si heureuses. Comme il se re-
paissait de ces agréables pensées,
il rencontra un jeune garçon qui
portait une oie toute blanche sous
son bras. Ils se souhaitèrent mu-
tuellement le bonjour; puis Jeannot se mit à raconter ses heureuses
aventures et les excellents marchés
qu'il avait successivement conclus.

Le jeune homme lui dit à son tour
qu'il portait l'oie à un dîner de
baptême.

Soulevez-la un peu, continua-
t-il, voyez comme elle est pesante !
Voilà huit semaines qu'on l'en-
graisse. Celui qui mangera cette
oie, quand elle sera rôtie, ne man-
quera pas de jus pour l'humecter.

— Oui, dit Jeannot, elle est à
point pour être mangée ; mais mon
misérable pourceau est encore trop
jeune et trop maigre ; il ne pourra
être tué de longtemps.

evez-la un peu, voyez comme elle est pesante.
(P.

Tandis qu'il prononçait ces mots, son compagnon regardait autour de lui d'un air inquiet, et hochait fréquemment la tête.

— C'est votre pourceau qui me préoccupe, dit-il enfin. Je viens de traverser un village où l'on avait volé le porc du maire, et je crains que ce ne soit celui-là même que vous conduisez. On cherche de toutes parts le voleur, et vous seriez dans un mauvais cas si l'on vous trouvait emmenant l'animal dérobé : le moins qui pourrait vous arriver ce serait d'être renfermé dans un cachot.

Le pauvre Jeannot devint tout inquiet.

— Pour Dieu, s'écria-t-il, aidez-moi à sortir de ce danger! Vous connaissez mieux que moi la contrée où nous nous trouvons; vous pourrez plus facilement vous sauver : prenez le porc, donnez-moi votre oie !

— Je sais que je m'expose beaucoup en faisant cela, répondit le jeune garçon; mais je me croirais

annot n.il l'oie sous son bras gauche et poursuivit
son chemin. (P. 45.)

coupable en vous laissant exposé à un si grand malheur.

Il prit aussitôt la corde que lui tendait Jeannot, et disparut avec le porc dans un chemin de traverse. Jeannot mit l'oie sous son bras gauche et poursuivit joyeusement son chemin.

— Voilà une heureuse chance, se dit-il ; voilà un échange avantageux. Non-seulement j'échappe à un grand péril, mais mon oie me donnera d'abord un bon rôti, puis une grande quantité de graisse qui me suffira pour étendre sur mon pain au moins pendant trois mois; et de ses belles plumes blanches je me ferai un oreiller sur lequel je n'attendrai pas longtemps le sommeil. Que ma mère va être joyeuse quand je lui apporterai le fruit de sept ans de services!

Comme il traversait un village situé sur la route, il passa près d'un gagne-petit qui s'était arrêté près d'une maison avec sa charrette et sa meule, et qui chantait à haute voix :

J'aiguise des ciseaux, je le fais promptement,
Je travaille, je chante et suis toujours content.

Jeannot s'arrêta pour le regarder, et bientôt
la conversation s'engagea. (P. 49.)

Jeannot s'arrêta pour le regarder, et bientôt la conversation
s'engagea.

— Vous devez faire de bons
profits, puisque vous chantez si
joyeusement, lui dit Jeannot d'un
ton fort sérieux.

— Oui, répondit le gagne-petit,
mon travail est une mine d'or iné-
puisable. A quelque moment de
sa vie qu'un aiguiseur mette la
main dans sa poche, il est sûr
d'y trouver de l'argent. De qui
avez-vous acheté cette belle oie?

— Je ne l'ai point achetée, je l'ai échangée pour un jeune porc.

— Et le porc? reprit le gagne-petit.

— Je l'avais échangé pour une vache.

— Et la vache?

— Elle m'avait été donnée en échange d'un cheval.

— Et le cheval? ·

— Pour le cheval, j'ai donné un lingot d'argent pesant quinze li-vres.

Jeannot prit la seconde pierre et se remit
en marche. (P. 57.)

— Et l'argent ?

— C'était le montant de mes gages pour sept années de services.

— Puisque vous savez si bien vous tirer d'affaire, dit le gagne-petit, je vais vous enseigner un moyen certain de trouver de l'argent dans votre bourse chaque fois que vous le désirerez, et d'assurer ainsi votre bonheur.

— Que dois-je faire pour cela ?

— Vous devez vous faire gagne-petit comme moi. Pour tout fonds

d'industrie, vous n'avez besoin que
d'une pierre à égniser; le reste
viendra de soi-même. J'en ai une
qui est bien un peu endommagée;
mais aussi vous l'aurez pour rien,
seulement vous me donnerez votre
oie en échange. Acceptez-vous le
marché?

— Pouvez-vous en douter? s'é-
cria Jeannot. Avec cette pierre je
serai l'homme le plus heureux du
monde, puisque je trouverai de l'argent dans ma bourse toutes les fois
que j'en voudrai. De quoi aurai-je
encore à m'inquiéter ?

Il se traîna jusq[u'à une] fontaine, près de laquelle
il [s'a]ssit. (P. 58.)

Là-dessus il lui donna l'oie et prit la vieille pierre à aiguiser.

— Je vous conseille encore, dit le gagne-petit en regardant un gros caillou qui se trouvait près de lui sur le chemin ; je vous conseille de prendre cette bonne et solide pierre, pour vous servir d'enclume lorsque vous aurez quelque lame tordue à redresser. Vous pouvez l'emporter avec l'autre.

Jeannot prit la seconde pierre, et se remit en marche le cœur satisfait, les yeux brillants de joie.

— Je suis vraiment né sous une heureuse étoile! s'écria-t-il; ô la bonne chance! la bonne chance!

Bientôt, cependant, comme il était sur pied depuis le matin, il se sentit très fatigué. Peu à peu sa lassitude devint telle qu'il ne pouvait plus avancer; il se voyait à tout moment forcé de s'asseoir. Ne devait-il pas naturellement penser qu'il marcherait plus facilement s'il n'était point chargé de ces deux pierres?... Il se traîna jusqu'à une fontaine, près de laquelle il s'assit

un mouvement mal calculé et heurta les deux pierres
qui tombèrent dans la source. (P. 61.)

pour se reposer et se désaltérer, en ayant bien soin de placer ses pierres sur la margelle. Comme il se baissait pour boire, il fit un mouvement mal calculé et heurta les deux pierres, qui tombèrent dans la source.

Jeannot, en les voyant disparaître, tressaillit de joie, et s'agenouilla pour remercier la Providence de l'avoir délivré d'un si lourd fardeau. — Ma foi, voilà une bonne chance! Il n'est pas sous le ciel un homme plus heureux que moi, se

Jeannot, en les voyant disparaître, tressaillit de joie.
(P. 61.)

répétait-il en reprenant sa route.

Bientôt, en effet, libre de tout fardeau et de tout souci, il atteignit joyeusement la maison de sa mère, fier de ses heureuses chances et de ses échanges avantageux.

FIN.

Limoges. Imp. E. ARDANT et Ciᵉ.

www.ingramcontent.com/pod-product-compliance
Lightning Source LLC
LaVergne TN
LVHW022119080426
835511LV00007B/907